Escribe para manifestar

Ya es momento de diseñar y atraer la vida que sueñas con el método Scripting (incluso si piensas que no es posible)

La ley de la atracción libros cortos, libro 7

Por Elena G. Rivers

Elena G.Rivers © Copyright 2021 - Todos los derechos reservados.

ISBN: 978-1-80095-087-0

El contenido en este libro no puede reproducirse, duplicarse o transmitirse sin el permiso directo por escrito del autor o del editor.

Bajo ninguna circunstancia se tendrá la culpa o responsabilidad legal contra el editor o el autor, por daños, reparaciones o pérdidas monetarias debido a la información contenida en este libro, ya sea directa o indirectamente.

Aviso Legal:

Este libro está protegido por derechos de autor. Es solo para uso personal. No se puede modificar, distribuir, vender, usar, citar o parafrasear ninguna parte o el contenido de este libro sin el consentimiento del autor o editor.

Aviso de Exención de Responsabilidad:

Tenga en cuenta que la información contenida en este documento es solo para fines educativos y de entretenimiento. Todo el esfuerzo se ha ejecutado para presentar información precisa, actualizada, confiable y completa. No se declaran ni implican garantías de ningún tipo. Los lectores reconocen que el autor no participa en la prestación de asesoramiento legal, financiero, médico o profesional. El contenido de este libro se ha derivado de varias fuentes. Consulte a un profesional con licencia antes de intentar cualquier técnica descrita en este libro.

Al leer este documento, el lector acepta que en ningún caso el autor es responsable de las pérdidas, directas o indirectas, que se incurran como resultado del uso de la información contenida en este documento, incluidos, entre otros, errores, omisiones o inexactitudes.

Contenidos:

Introducción: El método Scripting para manifestar tus deseos 7

Capítulo 1: Los Secretos revelados sobre el método Scripting que cambian la vida........... 22

Utilizando números para manifestar más rápido 28

El método 3x33 y sus variaciones para las personas ocupadas 29

¿Hablas, piensas o tomas decisiones para manifestar? o ¿bloqueas tus manifestaciones sin siquiera saberlo?... 32

¿Cómo sabes qué decisión buena tienes que tomar y la manera en la debes utilizar el método Scripting con las cosas correctas? 34

Los peligros ocultos de no dejar ir las cosas .. 40

¡La trampa sobre el Scripting del mundo ideal que debes evitar!... 46

Capítulo 2: La LDA para escépticos (¡por qué te va a funcionar si así lo quieres!)..................... 55

Capítulo 3: ¡Por qué no puedes darte el lujo de no proteger tus sueños! 60

Capítulo 4: Los Secretos para el verdadero empoderamiento usando Scripting................ 64

Capítulo 5: Las respuestas a tus preguntas..... 77

Capítulo 6: La poderosa meditación de la Ley de Atracción para conectar con tu yo superior ... 95

Conclusión - Confía en ti 101

Introducción: El método Scripting para manifestar tus deseos

Has venido al lugar indicado si tienes algún deseo que manifestar. Este libro te enseñará todo lo que necesitas saber sobre el método Scripting (o escritura de guión) para que puedas comenzar a vivir tu vida como tú la quieras diseñar. Pero antes de sumergirnos quiero ser completamente honesta y transparente contigo; aunque el Scripting es uno de mis métodos favoritos de la Ley de Atracción (LDA), es posible que no funcione para todos. Como alguien que ha estado estudiando, investigando y enseñando la LDA durante muchos años y que siente un gran afecto por este tipo de método, puedo decirte aquí y ahora que en los siguientes casos no va a funcionar para ti:

-Caso 1: El método Scripting no funcionará si tu objetivo o deseo a manifestar no es auténticamente tuyo o si no sientes ningún tipo de conexión con este. Por ejemplo, se te viene a la mente algún objetivo aleatorio que crees que se espera de ti o porque todos a tu alrededor lo están haciendo; tal vez todos los que conoces están manifestando viajes asombrosos, por lo tanto, piensas que también deberías viajar porque todos están posteando sus aventuras de trotamundos en las redes sociales. Pero quizás no estás realmente interesado en viajar o tal vez lo estás, pero probablemente quieras hacer las cosas a tu manera y visitar distintos lugares. No importa el objetivo, ¡asegúrate de que sea uno tuyo!

-Caso 2: Esto mismo también aplica si estás buscando validación o importancia. Por ejemplo, quieres manifestar un Ferrari o un Lamborghini porque quieres que otras personas te respeten y digan que eres exitoso. Me explico, no hay nada malo con desear autos u otros "juguetes" bonitos si te sientes realmente apasionado por ellos, pero pregúntate esto: ¿eres una persona que pueda mantener y hacerse cargo de juguetes caros sin volverse loco? Porque cuando manifiestas algo recibes el paquete completo, así que es necesario que entiendas exactamente en lo que te estás metiendo. En uno de mis otros libros compartí la historia de una conocida que manifestó ganar la lotería en su país, pero lamentablemente lo perdió todo porque no tenía idea de cómo manejar grandes sumas de dinero e incluso tuvo problemas con su oficina local de impuestos. Las razones por las que en un principio quiso manifestar dinero eran para sentirse amada e importante, quería experimentar aquellas emociones fugazmente y tener dinero al mismo tiempo, pero después lo perdió todo y terminó exactamente igual que antes de ganar la lotería. Sin embargo, tuvo la suerte de usar su experiencia como una lección de vida muy importante y decidió hacer el trabajo interno, teniendo como resultado la transformación de su mentalidad y energía para convertirse en una persona que puede manejar "el paquete completo de manifestación". Ahora está manifestando abundancia a través de su nuevo negocio y ¡le encanta! Ya no busca la validación o aprobación sino que se enfoca en añadirle valor al mundo y entregar un servicio de primera calidad a sus clientes mientras manifiesta su propio dinero (¡y siendo muy buena para administrarlo!). ¡Así que te daré unas palabras de advertencia sobre esto! ¿Estás listo para manejar el paquete completo?

O, ¿quieres algo únicamente porque te hará "ver mejor"?

-Caso 3: Quieres manifestar algo que viene desde el miedo porque no te amas a ti mismo y un ejemplo de una mentalidad así es cuando una persona se "esfuerza" por manifestar amor y romance por el simple hecho de que ellos mismos no se aman. Están desesperados por encontrar una pareja, ya sea para sentirse amados o porque tienen miedo de estar solteros, pero lamentablemente ese tipo de mentalidad puede llevar a manifestaciones negativas. Por ejemplo, una persona puede manifestar una relación que la está agotando o que es abusiva por ambas partes, pero una mentalidad mejor y más empoderada es la de una persona que ya se ama a sí misma y después se propone manifestar a la pareja ideal porque les encanta la idea de poder compartir sus vidas con alguien más. No necesitan a otra persona para sentir amor porque ellos ya se sienten plenos y completos, por lo tanto, desean manifestar una pareja a partir de un lugar de amor, con la intención de estar en una relación saludable y no se sienten desesperados mientras tratan de escapar del sentimiento de estar solos, así que pregúntate: ¿quieres manifestar porque tus objetivos y deseos te encantan verdaderamente y te sientes bien con la idea de estar más cerca de ellos? O, ¿quieres manifestar para escapar del dolor y estás usando tu manifestación como un "remedio" rápido?

-Caso 4: Puede que utilizar el método Scripting no sea útil si no te gusta anotar o escribir las cosas. Este método es perfecto para los "adictos a llevar o escribir diarios" como yo; nos encanta anotar cosas, adoramos tener distintos diarios y de verdad esperamos con ansias poder hacer nuestros pequeños rituales relacionados con la escritura, la planificación, la expectativa y todas esas cosas, ¡es divertido! No sé tú, pero cuando me voy a acostar ya me siento emocionada por la mañana que viene porque sé que voy a estar disfrutando de una agradable taza de café durante la mañana mientras realizo mi ritual sobre el método Scripting, es divertido para mí así que no necesito "tratar de estar motivada" o tener la super autodisciplina para hacerlo. Siempre digo que sobre gustos no hay nada escrito; tú sabes quién eres, qué es lo que te gusta y lo que no por naturaleza, y ya que los semejantes se atraen y todo pasa por algo, estoy segura de que la mayoría de los lectores que atraigo están interesados en la mismas o casi las mismas cosas en las que yo estoy interesada, así que mi sospecha es que te gusta tener diarios nuevos y llenarlos de tus deseos. Pero también sé que algunos de vosotros puede que compréis este libro por curiosidad o tal vez estáis previsualizando una muestra gratuita antes de invertir en él. Nuevamente, no te fuerces a practicar este método por el simple hecho de que todos lo están haciendo; si no estás interesado en llevar un diario, tienes que darte el permiso para sumergirte en otro ritual de la Ley de la Atracción, para echar un vistazo a mi catálogo de libros y elegir algo con lo que te sientas atraído naturalmente.

Aunque hay una pequeña excepción: puedes aprender más sobre el método Scripting y aplicar sus principios para formular de manera consciente tus deseos y reprogramar tu mente subconsciente mientras usas un vehículo diferente. Por ejemplo, una de mis amigas aprendió el método Scripting gracias a mí, pero es una de esas personas a las que realmente no les gusta escribir cosas en sus diarios, así que lo que hizo fue escribir su visión solamente una vez, y luego de escribirlo, lo escucha mientras va de camino al trabajo, lo que equivale a una hora entera en el día; una de las cosas que escribió en su visión fue: *"Estoy muy feliz y agradecida porque mi sueldo siempre está subiendo, y siempre atraigo nuevas fuentes de ingresos que no esperaba, porque ahora puedo cuidar de mi familia y ¡tener una vida divertida!"*.

En tan solo unas cuantas semanas de hacer su "Scripting auditivo" y mientras conducía hacia el trabajo ¡ya había manifestado un aumento significativo de su sueldo y uno de sus negocios paralelos también despegó! E igualmente ahora está manifestando un constante ingreso pasivo al mes a partir de sus negocios.

-Caso 5: Finalmente, el punto más importante que quiero mencionar es que el Scripting no va a funcionar si solo lo usas como una técnica sin entender completamente los fundamentos de la Ley de Atracción y del principio de manifestación, los que son:

No se trata de lo que haces sino de quién eres y en quién te quieres convertir.

No se trata de lo que quieres, sino de quién eres.

Manifiestas lo que guardas dentro de ti.

En otras palabras, todo se trata de tu autoimagen. Por ejemplo, puede que te "esfuerces" para tener más dinero, estás buscando un empleo, negocio u oportunidad nueva o algunas inversiones para ganar bastante dinero, y claro, desde un punto de vista lógico es algo inteligente de hacer, pero lamentablemente si ya no estás pensando y sintiéndote como una persona que gana una gran cantidad de dinero, es muy probable que vayas a sabotear tus esfuerzos; lo he visto suceder una y otra vez, y también he estado en esa posición, ya que pasé muchos años únicamente persiguiendo y persiguiendo.

Solamente cuando decidí verme a mí misma como la persona en la que me quería convertir fue cuando realmente me convertí en esa persona y las cosas comenzaron a cambiar, así que la primera cosa que tienes que hacer es decidir en quién deseas convertirte; la mayoría de la gente fracasa al manifestar sus verdaderos deseos porque "tratan" de forma inconsciente de enfocarse en lo que quieren sin siquiera hacer el intento de cambiarse a ellos mismos. Es como tratar de alterar el reflejo de un espejo sin cambiar a la persona o el objeto que está frente a él o ella. No sé tú, pero creo que es una locura total, aunque no quiero sonar arrogante y sentenciosa porque yo también he sido culpable de perseguir mis "deseos" sin preguntarme cómo cambiarme a mí misma.

Como dicen, el truco está en los detalles y es triste pero cierto; mucha gente ya sabe "todo este tema sobre la autoimagen" porque saben en quienes se quieren convertir en términos de estatus, pero lo siguen haciendo mal porque se enfocan más en lo que no les gusta sobre sus viejos seres, y casi nunca piensan en sus seres nuevos y empoderados. Al estar en alineación con esa mentalidad negativa se quedan atascados en el pasado mientras culpan, juzgan y critican. Nunca toman ninguna decisión que sea proactiva para mejorar las personas que son, sus sentimientos, pensamientos, comportamientos, o habilidades.

Te recomiendo encarecidamente que hagas este ejercicio aquí y ahora respondiendo a las siguientes preguntas con el mayor detalle posible (por cierto, ¡este es un ejercicio fantástico para prepararte antes comenzar con el método Scripting!).

Es momento de explorar tu Nuevo Yo:

- ¿Cómo reaccionas cuando las cosas no salen como tú quieres?
- ¿Eliges quejarte y victimizarte? O ¿eliges utilizar las situaciones poco favorables como una lección de vida invaluable para ayudarte a crecer y mejorar como persona?
- ¿Cómo te sientes con la idea de aprender e invertir en ti mismo? ¿Qué hay de la gente con la que te rodeas?, ¿están interesados en la creación de la realidad?, ¿tienen objetivos, ambiciones y deseos por los que trabajan para lograr?
- ¿Cómo te tratas a ti mismo, a tu cuerpo y tu mente?
- ¿Cómo te hablas a ti mismo?
- ¿Eliges enfocarte en tu progreso? O ¿sigues atascado en tus viejos hábitos y sintiéndote culpable por lo que salió mal?

- ¿Cuánto tiempo necesitas para dejar ir las cosas? ¿5 minutos, 5 días o 5 años?
- ¿Qué películas reproduces en tu cabeza?
- ¿Usas tu mente de manera consciente para visualizar lo que puede salir bien? O ¿eliges ver películas negativas en tu mente?
- ¿Cómo estimulas tu cuerpo?
- ¿Eliges consumir alimentos saludables, integrales, nutritivos y equilibrados?
- ¿Cómo te sientes con la idea de invertir en tu salud y bienestar?
- ¿Qué haces cuando te sientes estresado? ¿Eliges dar un paseo, meditar, o ver un video que te inspire? O ¿te quedas atascado en tu interior sintiéndote mal, revisando las redes sociales y bebiendo alcohol mientras fumas?

Estamos haciendo este ejercicio previo a la utilización del método Scripting por una razón y es que por ahora, como probablemente hayas notado, no nos enfocamos en cosas tales como la ropa que usas, el lugar donde vives y qué auto conduces. ¡Vamos paso a paso! Veo a mucha gente descubriendo el concepto de autoimagen y lanzándose hacia la creación de la autoimagen superficial como por ejemplo: *Mi nuevo yo usa ropa de diseñador y vive en un barrio bonito, mi nuevo yo es una persona que gana una gran cantidad de dinero y mi nuevo yo atrae relaciones fantásticas.*

Pero no, no estoy diciendo que sea malo que quieras ropa y cosas lindas, pero nuevamente, te estás enfocando en "qué" y no en "quién"; crees que estás trabajando en una autoimagen nueva, cuando en realidad sigues pensando como tu viejo yo pero con cosas agradables y lindas a tu alrededor. En otras palabras, quieres cambiar el reflejo en el espejo sin querer cambiar a la persona o el objeto que está frente a él. Todo se trata de tu mentalidad, hábitos, reacciones, comportamientos y energía, así que antes de que comiences a usar el método Scripting, diseña una nueva autoimagen poderosa con mejores hábitos, una mentalidad más empoderada y nuevos comportamientos, es así de simple.

De vuelta a mi historia utilizando el método Scripting...

Sí, yo utilizaba el Scripting como mi método de manifestación principal. Sin embargo, ya tenía claro lo que me lleva actuar, quién era y cuales eran mis deseos verdaderos; me deshice de todo el "ruido interior" y las metas superficiales.

Sin importar lo que hagas, recuerda que todo el tiempo estás enviando señales hacia el Universo incluso cuando no estás practicando alguna técnica o método de la Ley de la Atracción en particular, tal como el Scripting. Así que tienes que estar seguro de estar en contacto con tu mentalidad y energía de forma regular.

Volvamos a nuestro ejemplo anterior y supongamos que deseas manifestar un empleo que te haga ganar una gran cantidad de dinero, y entonces ¿Cómo te sientes ahora cuando revisas tu cuenta bancaria? ¿empoderado? ¿avergonzado? ¿Cómo piensas y caminas? ¿Dónde vas de vacaciones? ¿A qué organizaciones benéficas donas?

Una persona puede tener el mejor método de Scripting del mundo y pasar muchas horas al día haciéndolo. Sin embargo, esta persona también podría seguir con su día y realizar sus actividades sintiéndose desesperado, por lo tanto, niegan cualquier señal positiva que envíen durante las sesiones en las que utilizan el Scripting.

No hay duda de que este método no funciona para algunas personas, o podríamos decir que si funciona porque la Ley de la Atracción siempre funciona. No obstante, puede que no esté funcionando a tu favor porque tu mentalidad y energía siguen teniendo una vibración negativa. ¡Lo que queremos es alinearnos completamente!

Quieres tener el control siempre y proteger lo más que puedas a tu mente y energía de las influencias negativas y sí, puedes recurrir al Scripting como tu método secreto para mantenerte enfocado en lo positivo, pero también esfuérzate por atrapar cualquier hábito o patrón negativo al que puedas seguir aferrándote y hazte la promesa de dejarlos ir de forma consciente. No te sientas mal contigo mismo cuando experimentes una emoción negativa, eso es solo una señal para que lo dejes ir, es una retroalimentación del Universo recordándote que debes seguir liberando tus vibraciones del pasado mientras haces una limpieza de tu mentalidad y energía. El utilizar el método Scripting te ayudará a mantenerte enfocado y con los pies en la tierra, y a medida que recorras las técnicas compartidas en este libro vas a estar elevando tu vibración, te sentirás increíble, tu energía y mentalidad cambiarán y, día a día, te amarás a ti mismo y a tu realidad más profundamente, por lo tanto, ¡atraerás más cosas, personas y circunstancias buenas a tu vida!

Así que ahora, con esta introducción bastante larga ya terminada, ¡vamos a hablar sobre el método Scripting!

Capítulo 1: Los Secretos revelados sobre el método Scripting que cambian la vida

El objetivo principal del método Scripting es apoyar a tus deseos al darle toda tu atención, energía y enfoque. Esto hace que te acostumbres a ellos para que ya no se sientan tan lejanos; en otras palabras, al utilizar el método Scripting puedes fusionarte con tu visión en vez de ponerla en un pedestal, también es muy relajante y creativo porque llegas a empoderarte a ti mismo con palabras que tienen una vibración muy alta. Lamentablemente, en esta época, la mayoría de la gente utiliza un lenguaje que no les empodera, y frecuentemente les mantiene atrapados en las energías negativas del pasado. Pero al utilizar el método Scripting puedes elegir palabras hermosas, que generen confianza y con una carga vibracional positiva para así manifestar tus deseos con alegría y facilidad. Sí, ¡todo se trata de escribir que te sientes bien! Es bastante divertido porque puedes formular una lista de deseos y convertirte en un creador consciente de tu vida. La clave principal para crear tu lista es que esta debe resonar contigo. Por ejemplo, supongamos que escribes:

"Me encanta la forma en que me siento al saber que podré manifestar a mi pareja soñada fácilmente".

O:

"Me encanta la forma en que me siento al saber que podré manifestar un empleo en el que gane bastante dinero fácilmente".

"Me encanta la forma en que me siento al saber que podré manifestar mi casa soñada".

¿Cuáles son las emociones principales que experimentas?

Si te sientes emocionado, expectante, feliz, positivo y puedes verte a ti mismo como una persona que ya está viviendo en su realidad soñada (incluso si no sabes cómo lo vas a conseguir), entonces tu deseo es realmente tuyo.

El uso de la frase: *"Me encanta la forma en que me siento al saber que puedo manifestar fácilmente..."*, te permite precisar tu deseo de tal forma que lo hace real para ti, así envías vibración positiva al Universo cuando esto sucede y en alineación con esto, no importa las veces que leas o digas la afirmación de tu deseo cada día.

Prefiero que te enfoques en la calidad de tu vibración, y la mejor forma para hacerlo es asegurándote de que estás trabajando de verdad en tus objetivos, deseos y anhelos. Es decir, estos deben venir desde tu corazón y tu alma, y ¡debes ser capaz de poder verte y sentirte listo para vivir tu sueño ahora!

El objetivo principal que tienes es identificar lo que quieres y darle atención, energía y enfoque positivo siendo consciente de que estás enviando energía positiva mientras lo haces. Elimina tus dudas y tus vibraciones negativas al enfocarte en lo que puede salir bien y en la razón por la que mereces manifestar tus deseos.

Démosle un vistazo a algunos de los ejemplos para ayudarte a que tengas tus propias ideas y recuerda que no se trata de copiar textualmente los Scripting de otras personas, aunque puedes hacerlo si sientes que es lo correcto para ti. Sin embargo, también puedes usarlo como inspiración para ayudarte a escribir tus propias ideas.

Ejemplos de Scripting:

Ejemplo de scripting para atraer más compradores/clientes/contratos:

- *Soy consciente del proceso para atraer y permitir todo lo que hago, todo lo que sé y todo lo que tengo para atraer a mi comprador/cliente/contrato ideal.*

Este Scripting utiliza la frase *"estoy en el proceso"* y se recomienda para las personas que tienden a rendirse con sus metas porque se sienten abrumados y piensan que su destino está muy lejos. Así que si creas una afirmación como: *"Ahora gano bastante dinero al mes"* y sientes que es una cantidad muy alta para ti, vas a comenzar a dudar de ti mismo y puedes suavizarlo utilizando la frase *"estoy en el proceso"*. Por ejemplo: *"Ahora estoy en el proceso de hacer que mi ingreso anual se convierta en mi ingreso mensual, y me encanta la persona en la que me estoy convirtiendo, es muy empoderador".*

Más ejemplos:

- *Me encanta la forma en que me siento cuando atraigo a clientes de alto nivel; todos son educados, les encanta invertir en ellos mismos, son amables, hacen el trabajo y pagan a tiempo, y me encanta cuando recomiendan mis servicios a sus amigos porque los semejantes se atraen.*
- *Me encanta la idea de recibir correos o llamadas de mis clientes ideales, especialmente cuando obtienen buenos resultados y quieren compartirlos conmigo. Me encanta la forma en que se siente saber que mis clientes ideales están tan impresionados con sus resultados, que les cuentan a otras personas sobre mis servicios, lo que atrae a más clientes ideales. Me encanta la idea de trabajar de 8 a 10 horas a la semana como coach para mis clientes ideales. La Ley de Atracción está en proceso de desarrollo y está*

orquestando esto ahora, ¡simplemente me encanta porque se siente muy mágico!

Ejemplo de Scripting para atraer más abundancia:

- *Estoy en el proceso de atraer y permitir todo lo que necesito para atraer la abundancia, me encanta la forma en que se siente cuando recibo un almuerzo, café o una cena gratis ¡siempre funciona! Me siento emocionado cada vez que recibo un consejo gratis, bebidas gratis, estacionamiento gratis, un cupón, un descuento, o cuando alguien se ofrece para ayudarme sin pedir nada a cambio. Me encanta la idea de recibir dinero de fuentes inesperadas. La Ley de Atracción está en proceso de desarrollo y orquestando esto ahora ¡realmente se siente mágico!*

Ejemplo de Scripting para atraer más amor:

- *Estoy en el proceso de atraer y permitir todo lo que necesito para atraer mi relación amorosa ideal; me encanta la idea de salir a dar paseos con mi pareja soñada, me encanta la idea de preparar un almuerzo y comerlo en un banco junto a mi amor, me encanta como se siente saber que la conversación es positiva, estimulante y compresiva. La Ley Universal de Atracción está en proceso de desarrollo y orquestando esto ahora ise siente muy mágico!*

Utilizando números para manifestarse más rápido

Como dijo Pitágoras una vez: "Los números gobiernan el universo".

Podemos usar esto a nuestro favor al aprovechar el método 3x33.

Este tipo de manifestación es una poderosa técnica de escritura sobre la Ley de Atracción que combina el poder de los números espirituales, las intenciones, los enfoques, las emociones y la repetición para llenar la mente subconsciente con el deseo u objetivo que deseamos manifestar. Pero antes de sumergirnos en este método, me gustaría explicar la razón por la que funciona: cuando trabajas con el método 3x33 activas la energía del número 3, también llamado el divino femenino en el árbol de la vida cabalística; la energía femenina es la energía de la vida y la creación. De modo que si tienes una serie de situaciones y proyectos que están dispersos o aún no los terminas, es momento de usar la energía del divino femenino junto con tus rituales para el Scripting; todo se trata de escribir tus intenciones desde un lugar de amor y de una forma transparente.

El método 3x33 y sus variaciones para las personas ocupadas

Primero elige una intención (algo que quieras manifestar), luego crea una afirmación sencilla sobre esa intención y después escribe esta afirmación 33 veces al día durante 3 días. Lo sé, lo sé, probablemente estés pensando: "¿Qué? ¿33 veces? ¡eso es demasiado!" Y aquí es donde quiero aclarar una cosa...todo se trata de la calidad más que de la cantidad, aunque es verdad que el método original nos dice que debemos escribir 33 afirmaciones cada día durante 3 días y la cosa más importante es tu intención pura. Todo se trata de estar en el tiempo presente mientras escribes tus afirmaciones, debes pensar y sentir lo bendecido que eres por estar recibiendo y esta es la razón por la que está absolutamente bien hacer modificaciones como escribir tu afirmación 3 veces durante 33 días (mi manera preferida de hacerlo porque te ayuda a desarrollar consistencia y disciplina de forma consciente y sin agotarte). No importa lo que elijas hacer, todo es cuestión de la repetición consciente; escribe 33 veces durante 3 días, 3 veces durante 33 días, o 9 veces durante 3 días. Nuestras creencias se forman en nuestras mentes a través de la repetición continua de ese pensamiento una y otra vez, no olvides utilizar "yo soy/estoy" al principio de tus afirmaciones, dado que nuestra mente ya está acostumbrada a ser nombrada con "yo soy/estoy", por lo que seguiremos usando este patrón de diálogo interno en nuestras afirmaciones; estas también pueden incluir palabras que expresen emociones positivas como feliz, agradecido, sentirse bendecido, suertudo, etc. Estas son palabras poderosas porque te ponen de forma natural en un estado de dicha, gratitud y abundancia. Por lo tanto, debes utilizarlas bastante en tus afirmaciones dentro del Scripting.

Como ya lo debes saber, tus afirmaciones, manifestaciones o Scriptings (como quieras llamarlos) deben escribirse en tiempo presente; usa una oración que comience con "ahora soy/estoy...", "ahora tengo...", etc. La idea es sentirse agradecido, como si tu deseo ya se hubiese cumplido; tampoco uses la frase "quiero" en tus afirmaciones, al decir esto, estás insinuando de manera automática que no lo tienes, por lo tanto, envías una vibración negativa al Universo. Algunas almas que no logran ser felices se quedan atascadas en el "querer" por años y solamente los ayuda a manifestar como ser un mejor "aspirante".

¿Hablas, piensas o tomas decisiones para manifestar? o ¿bloqueas tus manifestaciones sin siquiera saberlo?

Tus patrones del lenguaje son fundamentales y hay muchas palabras que te recomiendo elegir para que, por consiguiente, puedas dejar ir:

Por ejemplo, en vez de decir: "Estoy tratando de" o "Estoy intentando".

Tienes que decir: "Estoy jugando" o "estoy experimentando".

Al decir que lo estás intentando concedes de forma automática la enorme posibilidad de fracasar e incluso la falta de un compromiso real. Por ejemplo, en vez de decir "voy a tratar de desarrollar esta nueva idea de negocio", yo prefiero decir "estoy experimentando con esta nueva oportunidad" o "estoy aprendiendo sobre ello", porque cuando experimentas o aprendes no hay espacio para el fracaso, cuando experimentas siempre obtienes resultados que te enseñarán algo y eso del resultado negativo no existe, es simplemente un resultado, lo que se puede interpretar como un tipo de retroalimentación e información que son útiles.

En vez de decir "yo quiero", tienes que decir "yo elijo" o yo "tengo la intención de", pero ¡las dos juntas son mucho más poderosas! Querer nos convierte en aspirantes y esta palabra es definida como una persona que quiere algo porque él o ella no lo tiene; si eres un profesional en algo, ya lo tienes y lo haces, es absolutamente normal para ti.

Como lo mencionamos anteriormente, también puedes decir que estás en el proceso de manifestar algo, ya que expresar que estás "en el proceso" es una excelente forma de ayudarte a reducir la resistencia, también es extremadamente útil si tal vez te pones un poco nervioso al proponerte grandes objetivos e intenciones sólidas, pero si manifiestas que estás en el proceso te calmará casi de forma automática.

Avanza con claridad y decisión. Por ejemplo, si deseas convertirte en una persona de negocios tienes que enfocarte en un proyecto hasta que tengas éxito, y no puedes tener un pie dentro y el otro fuera. También tienes que evitar los patrones de pensamiento como los "quizás/tal vez" y los "cuando consiga esto, entonces yo...", ¿por qué no llegar ahí directamente? Tal vez haya un vuelo directo. La alineación es fundamental para que no tengas vibraciones caóticas o para que no manifiestes las situaciones de los "quizás/tal vez" o los "haré esto cuando...".

¿Cómo sabes qué decisión buena tienes que tomar y la manera en la debes utilizar el método Scripting con las cosas correctas?

Bueno, no puedo decírtelo con exactitud, como tampoco puedo tomar ninguna decisión por ti. Como ya has visto, yo solía dejar que otras personas tomaran las decisiones por mí, y después cuando manifestaba lo que no quería, los terminaba culpando a ellos pero no a mí misma y quiero mantenerme alejada de tal energía. Tomar decisiones también es una fuerza, ¡sigue tu instinto!

Sé específico y no seas impreciso, es aquí donde hacer Scripting puede ayudar; puedes usarlo como una herramienta para ayudarte a "probar tu nueva realidad", ver lo que te gusta y cómo te sientes; también puedes hacer Scripting para abrir tu mente y darte cuenta de dónde se encuentran tus puntos débiles y dejarlos ir.

Haz ingeniería inversa con lo que funcionó para ti, piensa en todas las cosas fantásticas que has conseguido hasta ahora; te aseguro que fuiste específico, se te acaba de ocurrir esa idea y sabías que era la decisión correcta. Hacer ingeniería inversa con lo que ya funcionó para ti es una de las mejores herramientas porque tú y tu propia vida son los mejores mentores ¡de veras!

Ten en cuenta que no se puede llevar un diario y hacer Scripting desde un lugar de carencia; no se trata de cuánto tiempo pases escribiendo en tu diario o qué tipo de diario usas, como tampoco no se trata de cuántos murales de deseos hagas y por cuánto tiempo los visualices, sino que todo se trata de tus sentimientos y la emoción que hay detrás de ellos. Sí, a veces puede que te sientas como un robot, pero debes ser consciente de eso y enfocarte en algo que te haga sentir bien como bailar o hacer alguna posición rápida de yoga. Tú atraes lo que eres, así que si te sientes vacío entonces atraerás eso; mantén tu mente y tu alma abiertas para tener distintas sensaciones. Algunas personas prefieren grabarse a sí mismos y luego escuchar sus intenciones. El Scripting auditivo funciona para muchos de mis amigos, pero yo prefiero el clásico Scripting escrito y llevar un diario.

Te recomiendo que cada vez que quieras hacer Scripting primero entres en una vibración alta o que medites antes. Después, tienes que tener claro lo que quieres manifestar y más tarde, puedes visualizar, escribir o afirmar e independiente de lo que elijas, asegúrate de incluir montones de palabras positivas y expresivas. Incluye palabras que te hagan sentir bien y que sean emotivas, debes sentir las emociones en profundidad mientras lo haces. Por último, déjalo ir y sigue con tus actividades diarias con buena energía.

Utilizar distintos métodos para manifestar, como Scripting, no está pensado para obtener algo para ti, sino que los métodos de manifestación se utilizan para sintonizar tu vibración e igualarla con tu deseo.

Si estás practicando hacer Scripting todos los días porque te sientes ansioso e impaciente sobre tu deseo, entonces vas a posponer considerablemente tu éxito, así que usa tu Scripting para sentirte bien acerca de tu deseo; yo siempre digo que no se trata de lo que haces, sino de cómo lo haces.

Cuando agradezco en mi diario o en mi Scripting, lo hago porque me hace sentir bien y disfruto vivir en el momento, cuando pongo de manera consciente mis deseos por escrito y luego sé que mis vibraciones están igualadas con ellos.

La pregunta que me hacen a menudo es:

Entonces, ¿simplemente escribo sobre experiencias que quiero tener? Porque en verdad, no quiero nada material sino manifestar salud y felicidad, ¿cómo lo hago de forma correcta?

Respuesta:

Realmente no existe una forma "incorrecta" de escribir algo en un diario; para todos es distinto, solo asegúrate de estar escribiendo en tiempo presente, como si ya estuvieras viviendo la vida que quieres y sentir esas emociones mientras lo haces. Debes ser específico acerca de los momentos felices que quieres manifestar. Por ejemplo, "cada fin de semana disfruto de hermosas fiestas en lugares bellísimos, tengo cenas sofisticadas con personas interesantes, me río y me divierto".

O: "Todas las tardes paso tiempo con mis hijos; nos reímos y jugamos".

Manifestar no solo se trata de dinero, incluso si una persona quiere manifestar abundancia financiera, para la mente subconsciente no es fácil entender el dinero y los números. Sin embargo, se puede alinear fácilmente con el sentimiento de libertad y felicidad. Al mismo tiempo, muchos de mis lectores que han tratado de manifestar abundancia durante años (sí, lo intentaron y no pasó nada) de pronto comenzaron a manifestar un ingreso que no esperaban simplemente al enfocarse en manifestar la felicidad primero; vaya cosas, ¿verdad? Personalmente puedo dar fe de la efectividad holística de enfocarse en manifestar felicidad y paz mental; el resto se vuelve más fácil y se elimina todo tipo de resistencia.

Debes ser consciente de tu lenguaje. Usa palabras que empoderen y envíen vibración de convicción y seguridad, y no de carencia o baja autoestima; la afirmación debe expresar que el deseo está aquí y ya es parte de nuestra realidad. También recuerda pasarlo bien con tus deseos, pero tampoco te obsesiones mucho y pregúntate: ¿cómo te sentirías sobre tus deseos si ya los tuvieras?, ¿te sentirás estresado por la "gran demora"? Claro que no porque se sentiría normal para ti, pero aquí es donde entra el Método de Normalización y es tan simple como afirmar: *es normal para mí...*

Ejemplo:

Es normal para mí atraer clientes de alto nivel.

Es normal para mí viajar por el mundo mientras vivo de lo que me gusta hacer.

¡Es normal para mí trabajar en mi empleo soñado!

Es normal para mí sentir que mi cuerpo es asombroso.

Es normal para mí tener un negocio que me haga ganar mucho dinero.

Es normal para mí sentirme saludable y energético, de hecho, cada día me siento mejor; estoy progresando.

¡Es normal para mi disfrutar de una buena salud!

Es normal para mí atraer a gente amable y amorosa a mi vida.

Los peligros ocultos de no dejar ir las cosas

También tienes que dominar el arte de dejar ir las cosas. Por suerte, tampoco se necesitan rituales complicados. Según nuestros objetivos con el Scripting, dejar ir significa abordar de forma consciente cualquier duda, preocupación o ansiedad que esté asociada con nuestra intención. Por ejemplo, digamos que sigues escribiendo: *"estoy muy agradecido de poder estar ganando ahora una gran cantidad de dinero en mi empleo/negocio; me encanta la gente con la que trabajo ¡es muy divertido!"* y de pronto comienzas a experimentar una emoción negativa pensando: "Dios mío, pero ¿qué pasa si gano más dinero y *comienzo a perder a mis amigos? ¿Y si empiezan a sentirse celosos o sentirse mal?".*

Muchos maestros de la Ley de la Atracción te dirían que lo descartes como un pensamiento negativo y que continúes escribiendo o recitando: *"Ah, pero estoy ganando una gran cantidad de dinero y soy feliz"* (sin embargo, esto puede crear resistencia de manera inadvertida y en la mayoría de los casos, te lleva a manifestar lo que no quieres o a sabotear tus esfuerzos). No obstante, queremos utilizar cualquier pensamiento negativo que se te venga a la mente como indicios y como una retroalimentación valiosa. Así que tómate un descanso de escribir o afirmar, y pregúntate: *¿Cómo pensaría mi nueva versión mejorada?, ¿realmente me sentiría de esa manera?* Y como resultado puede que comiences a pensar respuestas distintas, por lo tanto, haces que la resistencia se minimice:

-Bueno, me daré cuenta de quiénes son mis amigos de verdad, ¡ellos se sentirán inspirados y no celosos! Y pueden alcanzar más éxito si todos están motivados y así lo desean.

-La vida no se trata solamente de dinero; si algunos de mis viejos amigos no están aumentando sus salarios e ingresos, está bien, podemos seguir disfrutando de la compañía del otro y hablar sobre otras pasiones e intereses que compartimos.

-Si gano más dinero, entonces seré capaz de ayudar a aquellos que me rodean; ya puedo sentir esta paz mental increíble que el dinero puede ofrecer. Soy una persona buena y el dinero solo hará que esta característica se amplifique. Solamente me puedo sentir bien conmigo mismo porque soy una persona ambiciosa y merezco un empleo o negocio bien pagado.

O quizás, a medida que vayas escribiendo tu visión, vas a comenzar a preocuparte: *Mmm...pero si gano más dinero, mis impuestos serán más complicados ¿realmente vale la pena?*

Entonces vuelves a explorar esa resistencia interna ¿Cómo pensaría tu versión mejorada?, ¿se preocuparía por eso? Claro que no, y de esa forma puedes comenzar a calmar tu mente subconsciente al afirmar: *Puedo confiar en mí para ganar más dinero y poder manejar más dinero. Siempre atraigo a gente maravillosa en mi vida y ahora estoy en el proceso de atraer a un experto en impuestos para que pueda ayudarme, ¡todos salimos ganando! Es seguro para mí ganar más dinero.*

Quizás incluso te puedas sentir inspirado a reservar una cita para consultar con un asesor financiero o un experto en impuestos y actuando como si ya estuvieras ganando ese ingreso que deseas, y si no fuera así, ¿por qué no hacerlo? Yo he utilizado este mismo método para manifestar mi peso ideal sin tener que hacer ninguna dieta restrictiva y simplemente teniendo una dieta de alimentos integrales la mayoría del tiempo; recuerdo haber escrito mis manifestaciones mientras experimentaba una gran resistencia, como por ejemplo: *Ay, pero si pierdo peso entonces mi hermana y los miembros de mi familia se van a sentir celosos, lo que quiero decir es que ella solía ser una reina del ballet cuando era una adolescente y ahora ha subido de peso, entonces si pierdo peso, ella se va a sentir mal, al igual que mi mamá".*

De esta forma comienzo a explorar ese pensamiento porque quería empoderarlo y convertirlo en algo positivo; me visualizo a mí misma con mi peso ideal, veo a mi familia diciéndome lo estupenda que me veo y que ellos también se sienten inspirados a perder peso preguntándome si podría ayudarlos y comienzo a escribir una nueva afirmación:

Estoy muy agradecida por tener mi peso ideal, un estilo de vida saludable y niveles de energía increíbles e incluso estoy mucho más agradecida de que mis seres queridos se pudieran unir a mi viaje y lograr sus metas de salud interna y pérdida de peso junto a mí. Ahora hacemos senderismo juntos, vamos todos a restaurantes orgánicos con comida sana, y en conjunto cambiamos de forma consciente nuestros hábitos y ¡es muy divertido!

¡Funcionó muy bien para todos nosotros! Lo que prueba la importancia de explorar nuestros pensamientos negativos y la resistencia, pero no, no pensamos constantemente en lo negativo, solamente lo usamos para transformar nuestras vidas y manifestar nuestra realidad soñada con alegría y facilidad para que todos los involucrados puedan beneficiarse. También debes tener en cuenta que algunas personas simplemente no están listas para el cambio, y sí, puede que te juzguen, puede que te critiquen porque decidiste brillar y vivir la vida a tu manera, pero no permitas que su vibración negativa destruya tus sueños. No complazcas a las personas, elige elevarte y vivir de acuerdo con tus nuevos estándares y aquellos que se sientan inspirados buscarán ayuda mientras que aquellos que sientan celos, solamente se harán daño a sí mismos y no a ti. Nunca debes sentirte inferior al formular nuevos deseos y afirmaciones que estén alineados con tu visión singular de la vida, deja de buscar la aprobación y de preocuparte por lo que otras personas piensen de ti. Enfócate en el hecho de que hay un gran número de técnicas para reforzar la realidad que anhelas y una de las más poderosas es la palabra escrita, ¡la que ya estás utilizando para crear de forma consciente tu propia realidad!

¡La trampa sobre el Scripting del mundo ideal que debes evitar!

Puede que a veces te encuentres creando una afirmación que con el tiempo deja de ser divertida o pierde su sentido; si ya no se siente como algo correcto para ti porque tus metas han cambiado entonces puede que te empieces a sentir atascado. Recuerda que esto es solo una retroalimentación, cualquier negatividad que experimentes en tu mente puede ser transformada en una visión nueva y positiva ¡siempre puedes cambiar de dirección! Y para hacer esto debes crear una visión sobre la vida que deseas de la forma más detallada posible, escribe sobre ella en tu diario, diseña tu vida perfecta, la vida que esperas, y además de escribir sobre ella, permítete vivirla lo más que puedas aquí y ahora. Yo escribo a diario sobre la vida que deseo en mi diario y lo uso para capturar una vida en la ya tengo todo lo que quiero y por consiguiente, el Universo no duda en seguir mis instrucciones claras.

Aquí abajo hay tres consejos sobre tener un diario que no puedes perderte por nada del mundo:

1.- Tienes que ser muy detallado y seguir tu intuición. Por ejemplo, si quieres atraer una casa perfecta puedes escribir: *"Estoy agradecido por despertar todos los días en mi amplia y cómoda cama, desde la que puedo ver el mar y el cielo a través de la ventana que tiene hacia la terraza. Las sábanas son azules, suaves y lisas; puedo escuchar a las gaviotas y el sonido de las olas rompiendo en la distancia, me encanta el aroma del mar. Me tomo un late de coco en mi terraza mientras planeo mi día, mi pareja me llama para que desayunemos y disfrutemos de unas deliciosas tortitas y una rica mermelada caseras".*

Usa todos tus sentidos al escribir: ve, escucha, toca, huele y saborea tu nueva realidad; al escribir las cosas en detalle también encontrarás que es mucho más fácil visualizar tus deseos. El primer paso es siempre capturar lo que quieres y no lo que no quieres, siempre escribe en presente y en primera persona, debes hacer una captura de pantalla en tu mente de las mejores y más importantes partes de tu sueño para que luego puedas usarlas en tus visualizaciones, este es un método complementario genial.

Muchas personas fracasan con este ejercicio porque lo escriben en futuro y solamente "esperan/tienen la esperanza" que algo se manifieste y así el mañana no llega nunca, por eso es mejor escribirlo con convicción y dar rienda suelta al poder del momento presente. Recuerda que al Universo no le gusta sentirse confundido, así que exprésate de manera clara, di lo que quieres y dale potencia al sentirte bien, te lo mereces y lo tienes. Acompaña tu escritura de fotografías y dibujos para reforzar tu visión. Por ejemplo, puedes usar imágenes del amanecer en una playa, una habitación elegante y un diseño de interior de primera calidad; utiliza tus colores favoritos para destacar las palabras más importantes que escribes ya que los colores pueden elevar tu visión y hacer que vibre a un nivel más alto.

2.- Tu ritual de Scripting debe ser una bendición y no una obligación.

Esto es muy importante: nunca escribas por obligación, hazlo solo cuando quieras y tampoco pienses que por escribir más atraerás tus sueños más rápido; todo tiene su tiempo en la naturaleza. Por ejemplo, se necesitan nueve meses para dar a luz a un bebé pero no que en un mes pasará eso con nueve mujeres. Lo más importante es la vibración que venga de ti cuando escribes porque realmente estás viviendo lo que describes en tu diario. Si un día no tienes ganas de escribir o no puedes enfocarte en ello por la razón que sea, está bien, puedes leer lo que ya has escrito o simplemente descansar...mañana es otro día y te sentirás renovado; esto no es una competencia y no tienes que demostrarle nada a nadie ¡tienes que disfrutar escribir, de lo contrario no escribas!

Si no tienes tiempo para escribir pregúntate: *¿Qué puedo hacer para leer o sentir mi visión todos los días?*

Tal vez podría tomar unas fotos de mis escritos y guardarlos en mi teléfono y cada vez que me sienta tentado a revisar las redes sociales sin razón alguna, en su lugar podría revisar mi visión.

Quizá podría grabar mi visión y escucharla en mi vehículo mientras voy de camino al trabajo.

¡Siempre hay un plan B, siempre hay algo a lo que recurrir!

3.- Apoya tu escritura con decisión.

Haz lo que sea para seguir avanzando, toma decisiones que sean inspiradoras, deja de actuar "como si". Si estás en proceso de manifestar un aumento salarial importante, habla con un asesor financiero que tenga experiencia trabajando con personas adineradas.

Si estás en proceso de manifestar un cuerpo saludable, comienza a ir a tiendas de comida saludable o reserva una clase relacionada con el tema, invierte en un asesoramiento profesional con un naturópata o nutricionista, o sal a caminar en vez de ver la televisión.

Si deseas ser muy conocido por tu trabajo, si quieres ser el experto número uno al que todos vayan, quizás tu próximo paso decisivo tendría que ver con inscribirte en algún curso profesional, o quizás podrías hablar con algún experto en marketing para aprender a estar presente en el mercado, poder tener influencia y hacer que más personas conozcan tu trabajo.

Si eres un empresario que ahora está ampliando su negocio, bueno, quizás tu próximo paso podría ser cambiar la estructura de tu negocio. Tal vez ahora tu empresa es muy grande como para administrarla como único propietario, tal vez es tiempo de subir de nivel y registrarla como una compañía o una corporación, ¿has pensado en contratar personas? El siguiente paso podría ser hablar con un experto y familiarizarte con un nuevo plan. Sí, te sentirás muy incómodo al principio, tu mente te dirá: *"Ay, pero aún no he llegado a eso, no puedo hacer esto; tal vez necesito esperar"*. Pero ¿adivina qué? ¡Todo se trata de los Aumentos Vibracionales Calculados! Sí, también necesitas dejarlo todo en la cancha y mostrarle al Universo que estás comprometido, que ya eres la persona que puede manejar el Paquete Completo sobre la Manifestación; puedes manejar el crecimiento, puedes manejar el hablar con expertos financieros, puedes manejar llevar una dieta saludable e inscribirte en un gimnasio, puedes manejar lo que sea que tu nueva versión mejorada ya esté haciendo con tus ojos cerrados, casi de forma automática.

Entonces, si lo que quieres es una casa, puedes visitarla; programa una visita con agente de bienes y disfruta del proceso de visitar la casa de tus sueños y sentir la energía, imagínate viviendo en esa casa; eso hará que sea más fácil para ti escribir sobre eso e incluso puedes declarar: "esta es mi casa".

No puedes fracasar, o tienes éxito o aprendes; solo puedes acercarte más a tus objetivos. Es como cuando un niño o una niña tiene zapatos nuevos que resultan ser un poco muy grandes, pero con el tiempo terminan quedándole bien, así que no tengas miedo ¡ya llegará tu momento! La mejor parte es que serás alguien que podrá manejar todos sus deseos cuando los manifiestes, no vas a sabotear tu éxito al volver a tu viejo yo, a los viejos sentimientos, pensamientos y decisiones que ya concuerdan con tus nuevos objetivos. Pero lamentablemente, la mayoría de las personas se pierden esa parte; quieren escribir sobre sus deseos pero nunca toman alguna decisión alineada, a veces puede que manifiesten lo que quieren pero ya que no están acostumbrando al Paquete Completo de la Manifestación, no pueden manejar sus logros. Por ejemplo, una persona puede manifestar un aumento en sus ingresos pero, ya que nunca están preparados para eso, nunca hablan con un asesor financiero o un gestor contable de buen nivel y es probable que no sepan administrar bien su dinero. No seas esa persona, tienes que ser un manifestador inteligente, prepárate, haz tu investigación, habla con expertos, aprende y crece, sal de tu zona de comodidad.

Recuerda: si los objetivos que deseas manifestar son de verdad tuyos, significa que tu versión mejorada ya sabe cómo manejar el Paquete Completo de la Manifestación; quieres fusionarte con tu nueva versión y gradualmente cambiar tus sentimientos, pensamientos, decisiones y hábitos.

Las cosas que te solían irritar ya no te molestan más, tus viejos problemas ya no existen, y si hay alguno, tienes nuevos "problemas", los que serán problemas de mejor calidad.

Ejemplo:

El viejo yo: *¡me cuesta pagar las facturas!*

El nuevo yo: *El dinero ya no es un problema, de hecho, puedo empezar a invertir. Mi nuevo "problema" de calidad es que necesito encontrar a un buen especialista en inversiones de quien aprender.*

¿Quieres un vehículo nuevo? Visita el concesionario; si quieres un nuevo empleo, visita las oficinas del lugar donde quieres trabajar, habla con personas que trabajan allí, tal vez haya una forma de hacer negocios con ellos ahora. Ver tus deseos en realidad te motivará y ayudará y hoy es el día perfecto para empezar con este diario sobre tu vida deseada ¿Qué deseas? ¿Cuál es tu sueño? Captúralo haciendo tus rituales de Scripting de manera consciente. Recuerda que el Universo siempre te dará lo que sientas que mereces; siéntete bien y atraerás el bien.

Capítulo 2: La la Ley de la Atracción para escépticos (¡por qué te va a funcionar si así lo quieres!)

Te has preguntado alguna vez, ¿por qué después de escuchar sobre un libro, concepto, palabra, término o número específico, de pronto comienzas a verlo en todos lados? Quizás has sido parte de algunas comunidades espirituales donde todos hablan sobre ver números repetidos como el 11:11 o 22:22; ahora tú también puedes ver números que se repiten a tu alrededor y ¡te sientes intrigado por ellos! ¿Es magia o algo más? ¡Personalmente creo que es magia porque nosotros lo somos y también nuestros cerebros! Pero también existe una explicación científica detrás de esto.

En lo que decidas enfocarte es lo que verás; esos números repetidos los ves debido al gran conjunto de nervios que se encuentra al final de tu tronco cerebral: el sistema de activación reticular (SAR), y es este sistema el que hace que la Ley de Atracción funcione y, siempre lo hace. Depende totalmente de ti elegir despertar y comenzar de manera consciente a programarte y hacer el Scripting de tu vida en la forma que quieras.

Tu SAR registra en lo que te enfocas y crea filtros para mostrar lo que está en tu mente, en otras palabras, usa su algoritmo inteligente para mostrarte precisamente lo que piensa que es lo que tu deseas ver más, ¡aunque hay un pequeño problema! Si bien el SAR es bueno para mostrarte lo que piensa que quieres ver o que llama tu atención, no es muy bueno para entender lo que realmente quieres, ya que solamente puede determinar en lo que te enfocas, eso es todo. Así que pregúntate: ¿Qué hay en tu mente? ¿Con qué la alimentas? ¿Te enfocas en lo que deseas? Por ejemplo, si lo que deseas es comprar una hermosa casa pero continúas enfocándote en lo imposible que es conseguir una hipoteca y que todo es tan caro porque los salarios están bajando, bueno, ¿puedes adivinar lo que va a hacer tu SAR?

Entenderá rápidamente: "Está bien, estás buscando más prueba y evidencia para ver lo imposible o incluso peligroso que es comprar tu propia casa, vamos a hacerlo, ¡tus deseos son órdenes!".

Enfócate de manera simultánea en lo que quieres al usar el método Scripting, buenos sentimientos y visualizaciones; tu SAR hará todo lo posible para darte a conocer oportunidades fantásticas de varias casas. La cantidad de esfuerzo que requiere es casi la misma una vez que entiendes la importancia del enfoque positivo, aunque sí, para ser absolutamente honesta contigo, puede que se sienta un poco agotador cuando estás empezando. Es como ir a un Gimnasio Espiritual y aumentar la masa muscular del Enfoque Positivo mientras trabajas con el SAR en alineación con tus deseos.

¿Qué eliges entonces? Elegir ignorar tu SAR es peligroso, especialmente en el mundo actual de las redes sociales donde es fácil dejarse llevar por la información falsa que refuerza lo que ya crees, y no necesariamente lo que es correcto o lo que está en alineación con lo que quieres. Esta es la razón por la que borré la mayoría de mis perfiles en redes sociales, dejé de revisarlas y preferí concentrarme en hacer un trabajo interno mientras trabajé de manera consciente en mi enfoque; como resultado de mi trabajo, mi SAR comenzó a presentarme filtros positivos que me llevarían hasta mis objetivos.

Esta es la verdadera ciencia detrás de la Ley de Atracción, en lo que te enfocas se expande y finalmente se convierte en realidad. La mayor parte del tiempo sucede de forma automática y aun así la mayoría de las personas nunca despiertan; nunca hacen el intento de reprogramar sus filtros internos para cambiar su existencia. Es cuestión de elección.

Entonces, ¿por qué menciono todo esto? Bueno, quizás a medida que estés leyendo este libro comenzarás a tener dudas y pensarás: ¿funcionará esto para mí? Pero ya sea que elijas la positividad o la negatividad, la realidad es que lo que piensas es lo que consigues. Lo primero que debes hacer para crear de manera consciente tu realidad soñada es visualizarla en tu realidad actual porque cuando miras el mundo desde un enfoque positivo y creativo, las oportunidades de atraer más positividad aparecen de la nada y ¡se siente mágico! Puedes entrenar tu SAR y utilizarlo para que la inspiración y los siguientes pasos a seguir lleguen a la puerta de tu casa; también recuerda que la positividad no solo se trata de sonreír o fingir ser positivo para que todos a tu alrededor digan: "Oh, increíble, eres tan espiritual y positivo". La positividad real se trata de ser capaz de dar un paso adelante y resolver los problemas de una forma creativa y empoderadora, la positividad genuina es cuando eres resiliente y sabes cómo seguir adelante, así que elige ver la luz porque siempre hay luz al final del túnel, ¡tú eres la luz!

Capítulo 3: ¡Por qué no puedes darte el lujo de no proteger tus sueños!

Cuando decides brillar y empiezas a tener energía positiva, y éxito personal y profesional, puede que algunos individuos negativos intenten subestimarte o hacerte creer que crecer no es una opción segura para ti. Pase lo que pase, recuerda mantenerte enfocado en tu viaje; todas las personas toman distintas decisiones y algunas personas solo escogen quedarse donde están.

Tienes que estar atento de:

- Quienes te rodean.
- Lo que compartes y con quién.
- Tus deseos auténticos ¡ya que tienes que enfocarte en lo que quieres!

La mejor forma de "lidiar con la negatividad" es permitirte salir de eso al enfocarte en pensamientos, decisiones y sentimientos positivos. Por ejemplo, a medida que comencé a crecer como escritora, me di cuenta rápidamente de que algunas personas que creía que eran mis "amigos" comenzaron a chismear o incluso a hacer bromas sobre eso y yo tuve dos opciones. Una, volver a donde estaba antes: negativa, triste, en la quiebra y participar en su "drama", o dos, seguir aumentando mi vibración: aprendiendo, creciendo, invirtiendo en mi persona y permitiendo que personas nuevas entren en mi vida.

No sé tú, pero yo ya he perdido mucho tiempo de mi vida simplemente tratando de complacer a otras personas o tratando de gustarles e incluso diría que era adicta a preguntarme en algún momento: "¿qué pensarán de mí?" y bueno, tuve que dejarlo ir. Decidí continuar haciendo trabajo interno y convertirme en una persona nueva, ahora ya no me siento atraída por el drama, el chisme o la negatividad; me niego a ser parte de eso. No, muchas gracias.

Este es el mejor consejo que te podría dar: ocupa tu día en realizar la mayor cantidad de actividades positivas que puedas y hacer que tu trabajo interno sea una prioridad y debes aceptarlo, porque a medida que continúes en tu viaje hacia la Ley de Atracción y el Scripting, irás dejando atrás a algunos amigos, pero al mismo tiempo, aquí hay algo genial que vas a entender: ¡también vas a seguir adelante con nuevas personas, circunstancias y posibilidades!

Hay un ejercicio que aprendí de la programación neurolingüística (PNL) y es muy efectivo para minimizar el efecto que puede tener la influencia de personas negativas, especialmente cuando te afecta de forma explícita. Este ejercicio consiste en redefinir el marco de referencia con el que ves a una persona negativa; ¡puedes hacerlo de muchas formas y es muy divertido! Puedes visualizar a esa persona con nariz de payaso. De esta forma, cada vez que te diga algo poco amable, lo puedes imaginar con una gran nariz y zapatos de payaso, incluso puedes pintarle la cara si quieres, por lo tanto, lo que está diciendo sale de la boca de un payaso, ¡así que no hay forma de que te pueda afectar negativamente! También puedes imaginar a esta persona negativa hablándote desde una pequeña caja, así que apenas puedes oír sus palabras, ¡no puedes entender muy bien lo que dice porque está en la caja! Es tan pequeño y su voz es tan baja que lo que dicen simplemente no te afecta.

Puedes diseñar cualquier otro ejercicio de este tipo que sirva para redefinir tu marco referencial. Tú eres quien domina, tú estás en una posición ventajosa y al hacer esto te pones en una posición de fuerza que te permite enviar vibraciones muy altas y positivas, creas un tipo de campo magnético a tu alrededor, el cual es tan poderoso que no permite que pasen energías malas y aumenta tu autoestima.

Recuerda que no debes dejar que otras personas te desvíen de tu camino, ahora estás haciendo el Scripting de tu realidad soñada y está en proceso de manifestación, ¡por esto es tan importante protegerte a ti mismo y a tu energía! Ahora entiendes los principios más importantes y potentes del Scripting, también sabes por qué tu foco es esencial y cómo protegerlo de personas y situaciones negativas. Las siguientes páginas te darán más inspiración y empoderamiento para ayudarte a diseñar de manera consciente tu vida con el Scripting.

Capítulo 4: Los Secretos para el verdadero empoderamiento usando Scripting

Todo se trata de crear tu propia manera de hacer Scripting. Utiliza los principios fundamentales que se han descrito en este libro como ejemplo para comenzar a trabajar con las Leyes Universales, pero también sé consciente de hacer las cosas a tu manera ¡y sentirte bien con eso!

Ten en cuenta que necesitas permitirte tener una vida llena de éxito, no hay razón para autolimitarse, no estás escribiendo una lista de quehaceres mientras desesperadamente tratas de pensar: *"Ay, pero ¿tendré tiempo para esto hoy?"*. Sino más bien, debes pensar que estás escribiendo un libro de tu vida, una buena vida, una de la que puedas sentirte orgulloso y una de las mejores formas de hacerlo es escribiendo tus guiones (Scripting) como si fueran cartas de agradecimiento; esta técnica te ayudará a alinearte con soluciones completas y posibilidades positivas que son infinitas para ayudar a diseñar un vida maravillosa. Por ejemplo, yo solía preocuparme por las finanzas; fue hace muchos años atrás cuando tenía muchas deudas y en ese entonces, no sabía mucho sobre el Scripting, pero de la nada me sentí inspirada para escribir una carta de agradecimiento al Universo porque quería sentirme mejor sobre mi situación. Ya conocía los buenos sentimientos que podían ayudarme a manifestar cosas mejores y escribir este tipo de carta parecía ser una idea excelente, así que tome un pedazo de papel (no era una adicta a los diarios por aquel entonces) y escribí:

Se siente muy bien tener todo el dinero que necesito para pagar mis cuentas, tener una vida extraordinaria y ahorrar. Estoy agradecida porque finalmente encontré una forma de salir de las deudas para siempre, y ahora, cuando pienso en ello, es como si fuera una vida pasada. El dinero fluye de manera abundante y no necesito preocuparme por él, todo mi enfoque está en desarrollar mi pasión para poder vivir de eso y ayudar a otras personas. Me encanta lo que hago y yo le encanto a lo que hago; mi trabajo se ve recompensando y me encanta porque ahora finalmente tengo más tiempo para mi autocuidado y puedo disfrutar de largos paseos por la playa, vivo en una pequeña isla donde todo es pacífico y silencioso, la gente es agradable y amigable, me encanta este lugar. Justo ahora que estoy escribiendo, me estoy relajando en la playa mientras escribí mi carta de agradecimiento pensando en lo lejos que he llegado. Gracias Universo por permitirme tener una vida mejor.

Después de terminar mi carta de agradecimiento la guardé en un viejo libro de cocina y algunos años después, la encontré mientras me cambiaba de casa y ¿sabes la mejor parte? No solamente me estaba cambiando de casa sino que también me estaba mudando a una pequeña isla en el Atlántico (Fuerteventura en las Islas Canarias) y era exactamente lo que había anotado en mi carta de agradecimiento. En ese entonces no tenía ni idea de cómo pasaría, literalmente la visión salió de mi mente subconsciente a medida que me permitía estar en un estado relajado dejando entrar nuevas energías y posibilidades infinitas. Mi visión tenía sentido, simplemente afirmé lo que deseaba y le envié una señal clara al Universo.

La gente siempre me pregunta qué tipo de objetivo hay que tener en mente mientras practican Scripting. Por ejemplo: *¿debería empezar con algo pequeño solo para probar y ver si funciona?* Mi respuesta es que depende de tu mentalidad y energía. Tras años de practicar la Ley de la Atracción, me di cuenta de que para mí, establecer grandes objetivos funciona increíblemente bien porque estos abren mi mente hacia nuevas posibilidades, pero debes creer que es lo correcto para ti y el objetivo debe ser tuyo realmente, de lo contrario, vas a rendirte diciendo: *"Ay, se está demorando mucho, no está funcionando"*. Al mismo tiempo, muchas personas comienzan con objetivos pequeños porque se sienten inseguros con ellos mismos y esto se debe a esa energía negativa que no manifiestan ni siquiera en un sueño diminuto y siguen pensando: *creo que debería seguir rechazando mis sueños y quizás de esa forma podré manifestar algo*. Así que empecemos desde el principio, prepara tu mentalidad de forma adecuada, date cuenta de quién eres y lo que realmente deseas, luego prepara tu energía de forma correcta y pregúntate: *¿estoy intentando manifestarme desde la energía de la carencia o de la abundancia?, ¿creo en mí mismo?, ¿me doy cuenta de que el poder creativo del Universo está ahí para ayudarme?*

Tanto los pequeños objetivos como los grandes se pueden realizar de forma exitosa si pasas más tiempo ajustando tu mentalidad y energía al responder las preguntas de arriba. También puedes hacer ambas: establecer un objetivo grande y tratarlo como si fuera tu visión y luego pensar en un objetivo pequeño que sirva como una etapa para llevarte hasta el objetivo más grande (esta es mi forma favorita de hacer las cosas). A medida que manifiestas tus deseos, no te olvides de continuar expresando tu gratitud por todas las etapas que ya has superado y todo lo que has aprendido en tu viaje. Esa actitud te ayudará de forma automática a deshacerte de la culpa, la vergüenza o la desesperación que podrías experimentar si te enfocas demasiado en tus errores. Por ejemplo, una mujer profesional se siente atascada en su trabajo; su gran objetivo es poder trabajar de forma independiente como coach dentro de su ámbito y ganando una gran suma de dinero al mes, pero hasta ahora todo se ve muy lejano porque en su trabajo actual no está ganando esa cantidad de dinero al mes y ni siquiera le gusta lo que hace. Sin embargo, ella escribe cartas de gratitud al Universo; se enfoca en cada detalle de su visión:

Vaya, no puedo creerlo, hoy por fin entregué mi aviso y pronto dejaré de trabajar aquí. Lo que solía ser mi sueño y mi actividad secundaria ahora me está haciendo ganar una gran cantidad de dinero al mes y me encanta el trabajo que hago porque puedo atraer a clientes increíbles que están listos para transformarse, siguen mis programas y obtienen resultados fantásticos. Todos los días recibo un correo o un mensaje por parte de un cliente feliz contándome que recomendaron mi trabajo a su familia y amigos; los clientes no paran de llegar y todos son de alto nivel. ¿La mejor parte? Trabajo mucho menos que en mi trabajo actual, de hecho, trabajo solamente de 4 a 5 horas al día durante cuatro días a la semana; por fin tengo tiempo para mi autocuidado y mi desarrollo personal, lo que me permite desarrollar soluciones innovadoras y mejores programas para mis clientes, ¡y también estoy haciéndolo cada vez mejor con el marketing! De hecho, otros coaches se me han acercado ofreciéndome dinero para ayudarlos con el marketing de sus negocios también ¡nunca había tenido tanta abundancia en mi vida! Gracias, gracias, gracias.

Después de especificar su visión, emocionarse mucho por eso y al mismo tiempo sentirse agradecida por eso, ella establece su primera etapa: *Ahora estoy ganando una gran cantidad de dinero al mes o más a partir de mi negocio secundario como coach.*

Ella alinea sus decisiones, pensamientos y sentimientos con esta etapa, decide ser esa etapa y vivirla realmente, ya que no parece ser algo difícil y puede hacerlo, así que ella toma decisiones alineadas e inspiradores desde un lugar de curiosidad: *Me pregunto ¿cómo se sentiría tener esa gran cantidad de dinero extra al mes en mi bolsillo?, ¿qué haría con ese dinero? Podría ahorrar de manera fácil para tener unas buenas vacaciones, o podría comenzar a invertir en mí misma y mi educación como coach, o podría comprar una linda cámara y algunos equipos para comenzar a hacer videos en YouTube y atraer a más clientes.*

Aunque ella aún no tiene su cámara o la iluminación, ya siente que nadie la va a detener, va a intercambiar las excusas por decisiones conscientes; toma su smartphone y crea videos inspiracionales para subir a YouTube. De hecho, cada mañana mientras va conduciendo hacia el trabajo, graba un video para subir el ánimo compartiendo su conocimiento y al final de cada video, ofrecer ayuda personalizada en privado. Es honesta, abierta y transparente, no tiene miedo a compartir sus luchas personales desde un lugar de autenticidad y después de unas semanas puede fácilmente manifestar una gran cantidad de dinero extra mientras sigue manteniendo su empleo.

¡Vaya, esto está funcionando! Entonces empecemos con una nueva etapa ¿qué tal triplicar la cantidad de dinero al mes?

En vez de estar buscando excusas, ella busca la evidencia que ya está funcionando a su favor y puede hacerlo, sigue dando lo mejor de sí y de su vibración en alineación con sus nuevos objetivos; ve los obstáculos y los desafíos como lecciones de las cuales puede aprender y crecer. Con el tiempo su visión se convierte en realidad y manifiesta una exitosa carrera donde gana bastante dinero haciendo lo que ama. Nada puede vencer al Scripting potenciado con el poder de establecer objetivos.

¡Por favor recuerda que puedes utilizar esta metodología para mejorar todas las áreas de tu vida! Pero ya que la mayoría de las personas que se me acercan desean manifestar más dinero y en este libro encontrarás muchos ejemplos que se enfocan en el dinero y en los números, los cuales no mienten, solo nos pueden decir si alcanzamos nuestras metas o no, pero también debes recordar que puedes usar el Scripting y magnificarlo con el establecimiento de objetivos para enriquecer todas las áreas de tu vida. Esto nos lleva a la siguiente pregunta.

La gente siempre me pregunta si es posible manifestar múltiples cosas a la vez y la respuesta que les doy es que depende de ellos, si crees que es posible para ti y lo crees completamente, ve por ello. Personalmente me gusta enfocarme en una o dos áreas de mi vida al mismo tiempo y esto es porque entiendo que cuando te ocupas de las áreas de tu vida que necesitan más atención, las otras cosas que deseas se pueden manifestar de manera automática y también soy una gran creyente en el poder de enfocarse.

Cuando inicié por primera vez mi viaje hacia el Scripting, mi enfoque principal estaba en escribir y mi salud, y a medida que comencé a tomar decisiones conscientes, a transformar y manifestar mis deseos, también cambiaron las otras áreas de mi vida como las relaciones, las finanzas, los viajes y la espiritualidad. Entonces debes preguntarte: ¿cuál es el área de tu vida que requieres de más atención por tu parte ahora? Y ¿Cuál es la que sigue? Por ejemplo, si tienes dificultades con la energía baja y no puedes perder peso, quizás podrías comenzar con tu salud; escribe tu visión en detalle y establece tu primera etapa, aclara y repite, recuerda continuar tomando decisiones alineadas y comienza a actuar "como si"; permítete mover tu cuerpo, dar unos paseos agradables y rejuvenecedores en vez de ver la televisión y reemplaza las barritas de caramelo por batidos frescos. Organiza una cita con un nutricionista o naturópata. Sí, el Universo te ayudará a arreglar muchas cosas por ti, pero debes continuar tomando decisiones alineadas, mostrar tu compromiso y fusionarte con tu visión de forma gradual para convertirte en la persona que vive esa visión. Trata a tu cuerpo como un templo y las otras áreas de tu vida también mejorarán. ¡Todo se trata de recurrir al proceso mental y la vibración de lo que deseas y actuar exactamente como lo haría tu nueva versión mejorada!

Para resumir:

Paso #1: comienza escribiendo una carta al Universo (o a quien elijas ver e identificar como la fuente; incluso puedes escribir una carta a tu yo superior, a Dios, a tus ángeles, realmente depende de ti). Sé y siéntete agradecido de antemano por todos los deseos que se están haciendo realidad.

Paso #2: fusiónate con tu visión todos los días; puedes leer tu carta o comenzar a escribir en tu diario sobre los diferentes elementos que contiene, también puedes grabarte y escucharlo en tu auto, pero si estás muy ocupado incluso puedes sacar una captura de pantalla mental de tu carta de agradecimiento y llevarla en tu mente y corazón.

El método que estoy utilizando ahora es el de combinar esto con mi gratitud diaria, ya que todos los días escribo varias cosas por las que estoy agradecida y luego, de manera intuitiva, comienzo a añadir algunos elementos de mi visión como si ya hubieran pasado, ¡se ve muy real en mi mente interna! Por otra parte, me emociona escribir sobre cosas por las que estoy agradecida (que ya han sido manifestadas en mi realidad), lo que me hace confiar en mis poderes de manifestación, y luego añado algo de mi visión y no puedo evitar sentir gratitud por eso.

Paso #3: si sigues buscando la "forma correcta" de hacer esto, recuerda que tú eres la forma correcta, solo debes enfocarte en sentir tus deseos de manera tangible y evocar emociones.

Paso #4: no te obsesiones mucho con tu visión y no te tortures con pensamientos como: "ay, ¿Cuándo va a suceder?" Tan solo continúa con tu vida y haz tus actividades diarias con alegría. Debes saber que algo en ti ya ha cambiado y tu realidad externa está cambiando también; entrena tu mente para comenzar a buscar pruebas positivas y evidencias de todo lo que está funcionando para ti.

Paso #5: para algunas personas el Scripting se puede convertir en algo robótico, si es así, tómate un descanso, no lo fuerces; lo más importante es sentir la emoción de tu deseo.

Capítulo 5: Las respuestas a tus preguntas

Este capítulo está diseñado para llevar tu viaje del Scripting hacia el siguiente nivel al responder la mayoría de las preguntas frecuentes que la gente tiene, ¡te ayudará a mantenerte motivado e inspirado para manifestar más rápido!

Pregunta: ¿Tiene importancia lo que escribes en tu visión?, ¿necesito algún diario o papel en especial?

Respuesta: No, el Universo no piensa: *"tú escribiste con tinta roja y en papel azul, así que no estoy escuchándote"* sino que responde a cómo te sientas con lo que haces, por lo tanto, debes elegir lo que mejor funcione para ti. Si quieres tener un nuevo diario y disfrutar de sus hermosas hojas ¡adelante!

Si te gusta tu viejo cuaderno, úsalo y elige el color que quieras; personalmente, me encanta la tinta roja porque me hace sentir en control, me haces sentir como la maestra de mi propia realidad ¡como alguien que puede corregir lo que no está alineado!

Pregunta: ¿Cuál es mejor?, ¿pequeñas o grandes historias?

Respuesta: Yo te sugiero grandes historias con el mayor detalle posible. Sin embargo, si estás experimentando resistencia o no puedes añadir muchos detalles, no te preocupes por el momento; comienza con una historia pequeña (incluso puede ser una oración) y comienza desde ahí. Cuando empieces a modificar tu cerebro, a concentrarte en lo que realmente quieres y a creer que tú también puedes manifestar tus sueños más locos, tus historias pequeñas se transformarán en grandes historias llenas de emociones positivas y tu realidad comenzará a reflejar eso. Nuevamente, no lo fuerces, deja que salga solo, pero también debes ser persistente y no rendirte; algunas personas encuentran difícil poder ingeniar o pensar en su visión, aunque no hay nada de qué preocuparse, debes seguir explorando distintos escenarios y posibilidades en tu mente y comenzar a escribirlas, este puede ser un gran ejercicio pre-scripting

¡Elabora tu visión real y auténtica cuando estés listo!

A veces sientes que quieres muchas cosas pero no estás seguro de cuál elegir, bueno, escribir las cosas te ayudará a aclarar tu mente; algunos tienen miedo y piensan: *"Ay Dios mío, si lo escribo o lo pienso, se hará realidad"* ¡Aunque este no es el caso!, ya que solamente estás escribiendo distintas opciones y tienes pensado elegir las que te gusten. También recuerda que no todo se trata de la perfección sino de progresar; aclarar lo que quieres es difícil para muchas personas y yo también he estado en la misma situación, recuerdo cuando recién me mostraron el "ejercicio para diseñar tu día perfecto" mientras hacía un entrenamiento para negocios y marketing, y me quedé perpleja, recuerdo haber pensado:

¿Por qué simplemente no me muestran cómo hacer crecer un negocio y ganar más dinero? Si ellos me entregaran la mejor estrategia de marketing entonces seguro podría diseñar una vida maravillosa y estupenda.

Pero en ese entonces no me di cuenta de que yo estaba empezando a construir la casa por el tejado y bueno, cuando se trata de "marketing", la manifestación también es algo parecido a esto, ya que hacemos promoción de nosotros mismos y de nuestros deseos al Universo así que, nuevamente, ¡necesitamos tener claro los deseos que queremos publicitar!

¿Recuerdas cuando eras niño o niña? Tenías claridad, sabías lo que querías, no dudabas al decir: "creo que esto no es para mí". Bueno, tienes que ser ese niño pequeño o niña pequeña que escribió su lista de deseos para Navidad (o en cualquier festividad que se den regalos en tu país/cultura). Todo es un proceso y tu visión real se hará realidad, comienza por escribir las cosas para aclararte; es la única forma de hacerlo.

Pregunta: ¿Existe alguna guía que vaya paso a paso para ayudarme a escribir una visión detallada para todas las áreas de mi vida?

Respuesta: Sí, para hacerlo debes enfocarte en finanzas, salud, relaciones personales y profesionales, estilo de vida (tu casa, vehículo, vacaciones) y la apariencia física. Algunas personas también añaden las experiencias espirituales, plenitud, un trabajo en específico, pasiones, etc.

Enfócate en lo que importa para ti y tu visión. Por ejemplo, si eres introvertido y no te gusta tener mucha vida social o asistir a grandes encuentros, no hay necesidad de añadir "salgo y socializo todos los días" a tu visión solo por el hecho de hacerlo, a menos que, claro, quieras manifestar que deseas convertirte en una persona social y extrovertida porque esa es tu meta real. Todo se remonta a lo que vimos en la introducción de este libro: enfócate en los objetivos que son realmente tuyos. Te puedes sentir tentado a copiar las visiones de otras personas pensando: *"si a todos les está yendo bien y son exitosos, entonces también haré lo mismo"*. Definitivamente no, debes sintonizar con tu corazón ¡él sabe! Da rienda suelta al Poder del Autocoaching para que sea tu fuente principal de información e inspiración.

La mayoría de las personas siguen retrocediendo al pasado en vez de avanzar hacia el futuro; el mejor libro que puedes leer es tu propio diario porque es donde escribes tu vida y gracias a esto tendrás resultados.

Aquí abajo encontrarás algunas preguntas de autocoaching para ayudarte a tener incluso más claridad:

¿Qué harías si supieras que no puedes fallar?

¿Cómo te afectaría eso a ti y tus decisiones recientes?

Pregunta: Aún tengo miedo de comenzar. ¿Qué pasa si lo hago de forma incorrecta y no manifiesta nada?

Respuesta: La única forma incorrecta es cuando te complicas demasiado o lo haces como una obligación, ¡tú diseñas tus propias reglas! Tú estás a cargo y tú estás empoderado para tomar decisiones por ti mismo. Ya no estás en la escuela y yo no soy el profesor que te pide escribir un ensayo de no más ni menos de tres mil palabras con un estilo específico; soy feliz al ser tu guía e inspirarte para que comiences a ser autosuficiente y a empoderarte. Solo tienes que comenzar, no importa lo que hagas.

Parece que estás atascado en un lugar de duda (no te juzgo, yo también he estado en esa situación) pero pregúntate: ¿Cómo se sentiría poder salir de ese atasco simplemente comenzando? No tienes nada que perder, al contrario, tienes mucho que ganar, de esto se trata el auto empoderamiento y debería ser algo divertido.

También puedes usar los siguientes pasos:

Paso #1: Habla como si tu deseo ya se hubiese cumplido.

Ejemplo: *"estoy feliz y agradecido ahora que..."*.

Paso #2: Comienza a expresar tus deseos todos los días como si los estuvieras experimentando ahora.

Ejemplo: *"me siento muy agradecido y todos los días me siento con mucha energía"*.

"¡Cada día me siento más inspirado y desbordado en creatividad!".

"¡Me siento agradecido porque todas las relaciones que tengo son sanas e inspiradoras!".

Paso #3: Busca amor y positividad en cualquier lugar en el que te encuentres, siempre sé agradecido y busca más y más cosas por las cuales estarlo; confía en el Universo porque él sabe lo que es correcto para ti y para tu bienestar a largo plazo.

Ejemplo: *"estoy muy agradecido con el Universo porque permite que todos mis sueños se vuelvan realidad; me encanta la persona en la que me estoy convirtiendo, se siente muy bien".*

"Estoy agradecido por todas estas oportunidades alineadas y maravillosas porque eso significa que el Universo se preocupa por mí".

Paso #4: Muestra tu compromiso y dedicación al tomar decisiones inspiradas en alineación con tu visión; utiliza las siguientes afirmaciones o úsalas como una guía para crear tu visión propia y que sientas que es la correcta para ti:

"Estoy muy agradecido por las oportunidades que se me han dado y me comprometo a ser un medio de creatividad".

"Irradio mi expresión única y auténtica al máximo de mi capacidad".

"Me expreso a través de mi trabajo para el mayor beneficio de todos los que están involucrados".

"Me comprometo a estar en alineación con mi yo superior; solamente comparto buenos sentimientos, decisiones y sentimientos con aquellas personas que me rodean".

"Me comprometo a comenzar a practicar un diálogo interno que sea poderoso; hablo conmigo mismo de forma amable y doy rienda suelta a todo mi potencial".

Pregunta: ¿Tenemos que volver a hacer nuestro Scripting todos los días?, ¿podemos "copiar" todos los días lo que escribimos anteriormente?

Respuesta: En primer lugar, deshazte del "tener que" y "debería", mejor utiliza la palabra "elegir/escoger", ¡es mucho más empoderadora! Entonces sí, depende de ti. Puedes elegir volver a escribir tu visión si así lo quieres y también puedes escribirla de otro modo o enfocarte en ciertos elementos de ella, pero depende de ti lo que hagas. El objetivo principal detrás de esto es que te fusiones con tu visión y uses los métodos Scripting como una herramienta.

Pregunta: ¿Puedo hacer el Scripting y escribir otras cosas que he experimentado en la vida en mi agenda o diario al mismo tiempo? ¿Esto hará que el Universo se confunda y no sepa cuál es mi Scripting real?

Respuesta: El Universo no se va a confundir a menos que tú te sientas confundido, así que depende de ti; si quieres tener dos diarios distintos y sientes que es lo correcto para ti ¡adelante!, puedes organizarte de la forma en que mejor te venga. A algunas personas les gusta tener un solo diario y escriben la gratitud que sienten a diario ligada con sus Scriptings; algunos quieren tener un diario para registrar lo que está pasando por sus cabezas y utilizan un diario distinto para sus objetivos con el Scripting. La pregunta real es: ¿Qué te gustaría hacer a ti mismo?

Pregunta: Quiero usar el método Scripting para manifestar el éxito de una forma más rápida; mi sueño es ser una empresaria, quiero crear ingresos altos para mi y para aquellos que trabajan para mí, quiero construir una gran compañía pero el problema es que solo tengo 17 años. ¿Crees que es muy temprano como para empezar?

Respuesta: No le pidas permiso o aprobación a otras personas o a mí; está claro que sabes lo que quieres y usaste un lenguaje poderoso y confiado, también tienes tu "por qué", lo que es excelente. Creo que es genial que tengas una visión tan grande a una edad tan joven y que quieras ayudar a otras personas al crear trabajos que estén bien remunerados para ellos. Sin embargo, también eres rápida para negar tu visión con un "pero"; la edad es solo un número y te autolimitas al decir lo que has dicho. Sí, legalmente es probable que no puedas tener una compañía a tu edad en la mayoría de los países pero, ¿a quién le importa? Aun así puedes seguir trabajando en tu visión y tu Scripting; puedes abrir la compañía de tus sueños en tu mente.

Igualmente puedes comenzar a tomar decisiones alineadas al aprender más sobre negocios; puedes disfrutar el viaje y dejar que te lleve hasta tu destino, no hay límites para la mente y lo que puedes lograr en la vida si crees en ti misma.

Pregunta: ¿Debería hacer el Scripting en mi idioma nativo o en inglés?

Respuesta: Ambas son correctas, mientras la mayoría de las personas se sienten más confiadas en hacer el Scripting en su lengua materna, hay algunas excepciones. Por ejemplo, digamos que tu idioma nativo es el francés, sin embargo, también sabes hablar muy bien en inglés y estás acostumbrado a leer y estudiar libros de desarrollo personales en inglés. En este caso, tu mente comenzó a aprender estos conceptos nuevos en tu segundo idioma que es el inglés y es un poco lógico que te apegues a ellos en tus rituales para el Scripting, pero nuevamente, haz lo que sientas que es correcto para ti; incluso podrías mezclas dos idiomas si quieres. El Universo responderá a tus sentimientos y emociones, así que debes sentirte libre de escribir en el idioma que quieras.

Pregunta: Normalmente escribo diez cosas por las que me siento agradecido y luego escribo mis afirmaciones todos los días. ¿Lo estoy haciendo bien?, ¿las "afirmaciones positivas" y el "scripting" son lo mismo o son distintas cosas?

Respuesta: Si te sientes bien con lo que haces utiliza lenguaje positivo y empoderado, escribe tus afirmaciones en presente y estate abierto a tomar decisiones inspiradoras; si haces esto, no hay duda de que algo hermoso sucederá como resultado de tus esfuerzos, así que para responder tu pregunta, no te preocupes, lo estás haciendo bien; ahora, hay una pequeña diferencia cuando se trata de comparar el Scripting y las afirmaciones:

La afirmación se trata de escribir frases positivas. Por ejemplo: Cada día me siento con más energía.

El Scripting es escribir tus deseos con un formato de historia. Por ejemplo, *me despierto en mi hermosa casa de playa, puedo escuchar y sentir el olor del océano; me levanto y puedo ver mi hermosa alfombra azul, me hice la pedicura ayer y el esmalte de mis uñas combina con la alfombra. Bajo al primer piso, bebo agua y me preparo un rico y nutritivo batido. Ahora son las 8 en punto y mi profesora de yoga viene a las 9 así que me daré una ducha rápida ahora y luego meditaré un poco en mi terraza; me siento con mucha energía y saludable, ¡me siento emocionada con este día porque sé que cosas asombrosas vienen en camino!*

El elemento esencial en esto es "sentir las emociones" mientras escribimos nuestros deseos, así que si te gustaría mejorar tu práctica con el diario, asegúrate de usar más sentimientos en tu escritura; también puedes escribir tu visión utilizando un Scripting dinámico y luego grabarlo para escucharlo todos los días. Debes escoger lo que se sienta correcto para ti.

Pregunta: ¿Se puede hacer esto desde mi móvil en vez de escribir con lápiz y papel?

Respuesta: Se podría hacer esto como un plan B, sin embargo, te recomiendo la opción de la vieja escuela utilizando lápiz y papel, ya que hay algo mágico al hacerlo y te hace sentir como el diseñador o el arquitecto de tu vida.

Pregunta: ¿Cuál crees que es la razón más importante por la que el Scripting no funcione para alguien?

Respuesta: El Scripting no va a funcionar si una persona lo está usando en base a la desesperación, como querer arreglar algo de forma rápida o como una técnica rápida sin entender completamente los principios más importantes para hacer que tu mente trabaje para ti escogiendo objetivos que te emociones, manteniéndote motivado mientras disfrutas del viaje y hacer un trabajo interno mientras haces un diseño nuevo de tu autoimagen.

Pregunta: Siento un poco de inseguridad por tener un diario ya que tengo miedo de que alguien de mi familia pueda encontrarlo de casualidad y lo lea ¡me sentiría tan estúpido! Sé que puedo grabar mi visión pero nuevamente, ¿qué pasa si alguien lo descubre?, ¿quizás piensen que me estoy volviendo loco?

Respuesta: Si estás interesado en cualquier tipo de desarrollo personal, algunas personas realmente pensarán que te estás volviendo loco jajaja, así que, primero tienes que preguntarte, ¿qué te importa más?, ¿tu visión, éxito y felicidad o lo que otras personas piensen de ti? Ahora imagina que, mientras manifiestas tus deseos, las voces negativas del presente dicen: "¿qué pensará la otra gente sobre mí?" y por consecuencia, esto puede aumentarse. Así que, primero abordaría la resistencia y las posibles inseguridades internas que estás experimentando; la técnica que te recomiendo para que uses, se llama Técnica de Liberación Emocional (TLE) y uno de los mejores libros que he leído sobre este tema se llama *La Solución Tapping* *por* Nick Ortner. Siempre se lo recomiendo a mis lectores porque sé que puede ayudarlos a cuidar de su bienestar emocional y a eliminar la resistencia.

Si bien no soy una experta en TLE o una practicante certificada, lo he estado usando en mí de forma exitosa durante casi tres años y he sido capaz de experimentar algunos cambios tremendos usándola. Espero que mi respuesta te ayude a abordar lo que creo que puede ser el tema más profundo que impide que puedas manifestar tus deseos sin problemas.

Para responder tu respuesta de una manera más práctica, podrías comprar una agenda o un diario con un candado, o guardar tus diarios en un cajón cerrado o caja fuerte ¡tienes el derecho a proteger tu espacio!

Pregunta: Encontré el diario perfecto para mi viaje hacia el Scripting, pero tiene algo escrito en la primera página, ¿puedo quitarla?, ¿afectará a mis manifestaciones?

Respuesta: Te estás preocupando mucho; si te sientes bien con la primera página, mantenla así, quizás estaba destinado a estar ahí como algún tipo de lección del Universo, sin embargo, si sientes que está fuera de lugar, puedes deshacerte de ella. Honestamente no veo ninguna razón que pueda afectar tus objetivos y manifestaciones en la vida.

Pregunta: Sé lo que tengo que hacer, sé que entiendo de forma lógica cómo funcionaba todo, pero realmente no puedo sentir mi visión; tengo claros mis deseos, sé qué tipo de carrera quiero y lo grande que es mi nuevo salario, lo sé todo, pero no puedo ver a mi nuevo yo, no puedo experimentar los sentimientos que mi nuevo yo debería sentir, así que escribo y hago Scripting pero sé que lo hago de forma automática, como un robot y aún sigo apegado a eso porque soy muy disciplinado pero sé que no será efectivo porque al parecer no siento nada. ¿Hay algo que pueda hacer para conectar con mi nueva autoimagen y experimentar todos esos sentimientos únicos para manifestar mis deseos de una forma más rápida?

Respuesta: Has hecho un buen trabajo al detectar lo que puedes estar haciendo mal ieres un excelente detective de la Ley de la Atracción! Y no te preocupes mucho, porque reconectar con tus sentimientos en relación con los objetivos que quieres manifestar puede tomar algo de tiempo, especialmente si eres una persona muy lógica (por la forma en que escribes, puedo decir que lo eres, pero también estás abierto a los sentimientos y la espiritualidad, lo que te ayudará mucho en tu viaje hacia la manifestación). Como ayuda te recomiendo que comiences a usar una de mis meditaciones favoritas sobre la Ley de Atracción que viene en el próximo capítulo.

Capítulo 6: La poderosa meditación de la Ley de Atracción para conectar con tu yo superior

Esta meditación está diseñada para ayudar a aumentar tu vibración y así te puedas alinear con la mejor versión de ti mismo y atraer de forma consciente tus deseos.

Siéntate en una posición cómoda y respira profundamente un par de veces. Comienza con una gran sonrisa, es tu momento, tu momento para brillar, tu momento para crecer y expandirte para que puedas manifestar más de lo que realmente deseas.

Inhala, respira profundamente e imagina una abundante luz blanca, esta es la luz de las posibilidades, acéptala, respírala y siéntela en todas las células de tu cuerpo; es la luz del Universo la que puede hacer que todos tus deseos se hagan realidad. Ahora, permítete exhalar con tranquilidad todas tus dudas y miedos, deja ir todas las decisiones, todo el remordimiento, la culpa y la autocrítica.

Continúa respirando de manera profunda y lenta, pero no lo fuerces; puedes elegir acelerar o relajar tu respiración, depende de ti. Según lo que se sienta bien para ti en este momento.

Inhala la luz y exhala la oscuridad; recuerda que al hacer esto estás aumentando tu vibración y por tanto, atrayendo a tu vida de manera automática más experiencias, personas y cosas con una vibración alta. Ahora, tómate un momento para mirar hacia atrás en tu viaje y sentirte agradecido por lo lejos que has llegado; has estado aprendiendo, has ido creciendo, te has expandido. Simplemente regálate unos minutos para reflexionar en todo lo que has crecido durante este año, hace dos años atrás o cinco años incluso.

Permítete estar agradecido por todos los desafíos que has superado; has crecido mucho y te estás haciendo más y más fuerte con cada segundo, minuto, y hora que pasa. Ahora sabes lo que deseas, sabes cómo atraerlo; eres paciente y estás disfrutando del viaje, así que prefieres enfocarte en la positividad. Date un momento para sentirte completamente orgulloso de ti y de lo lejos que has llegado.

Ahora puedes permitirte mirar hacia adelante, estás dejando ir todas las dudas y la negatividad del pasado; recuerda seguir inhalando luz blanca y positiva y exhalando lo que ya no te sirve en este viaje. Ahora puedes ver tu nueva versión, esa que es más empoderada, tu versión del futuro, ¿cómo se siente? ¿Cómo hablas y actúas?, ¿estás más calmado y en paz?, ¿te sientes más confiado y empoderado? Permite que todos estos sentimientos positivos iluminen cada célula de tu cuerpo, ¿cómo se siente ser tu versión del futuro en este momento?

Tienes que ser consciente de que para manifestar más rápido nuestro enfoque debe estar en nuestro crecimiento personal y espiritual, atraemos lo que somos, te conviertes en lo que atraes, entonces ¿Quién eres? Permítete sentir a esa persona en cada célula de tu cuerpo; se esa persona, aquí y ahora. La versión de ti mejorada está sentada a tu lado en este momento y os sonreís; tu futuro te está mirando con mucho amor, compasión y comprensión; quiere enseñarte y guiarte. ¿Cuál es el mensaje que tu yo del futuro quiere decirte hoy?

Dale un gran abrazo a tu "yo" supremo y permite que te devuelva el abrazo; ahora ambos se fusionan y se convierten en uno, te conviertes en tu "yo" supremo, eres tu yo supremo en este momento. Ahora debes activarlo y dejar ir cualquier vieja identidad que ya no te sirva; dejar ir es fácil, simplemente tienes que decir adiós y soltar toda la negatividad del pasado.

Cierra tus puños y siente tus dedos sobre tus palmas; esta tensión representa tu yo del pasado, al igual que tus hábitos, decisiones y creencias pasadas. Las viejas costumbres, mentalidades, al igual que todo el prejuicio, críticas y miedo del pasado que no permitían que tu luz pudiera brillar. Siente el esfuerzo que se requiere para mantenerte en ese lugar del pasado.

Ahora abre tus puños, siente la resistencia y sé consciente de lo fácil que puede ser si tan solo lo dejas ir; se siente muy bien aflojar, relajar y vivir tu vida sin tensión, resistencia y esos viejos hábitos que ya no te sirven. Ahora hay menos esfuerzo y menos tensión; tus palmas están abiertas, por lo tanto estás abierto a recibir cada vez más; abre tus dedos y permite que cada célula de tus manos comience a absorber nueva energía de abundancia, amor y libertad. Siente cómo esa energía positiva recorre todo tu cuerpo, permite que la energía vibre, permítete sentirte empoderado.

Abraza tus hombros con tus brazos y date un abrazo; ya estás listo para manifestar tus deseos, ¡ya estás preparado para adentrarte en tu vida soñada! Mientras te estás abrazando, susurra desde tu corazón: *"estoy listo para recibir"* y sigue afirmando: *"¡me siento orgulloso por convertirme en esta persona, me encanta ser la persona que soy ahora!"*

Inhala profundamente, exhala y relájate. También recuerda que no tienes que volver a tus viejos patrones; ya te has fusionado con tu nuevo yo, ahora eres tu único yo y este es tu poder real, así de increíble eres. Tu nuevo yo está ahí contigo, tu yo supremo te está sonriendo en este momento.

Cada vez que te sientas preocupado o dudoso, visualiza a tu yo supremo sonriéndote y haz que tu luz brille desde tu interior porque eso eres tú ¡es quien eres realmente!

Conclusión - Confía en ti

¡Continúa expandiéndote y avanzando! Recuerda que atraes lo que eres, así que continúa alineado tus pensamientos, sentimientos y decisiones con lo que quieres y mira cómo tu energía se transforma; encarna tus deseos, sé tus deseos, afirma tus deseos con lo que haces y con lo que piensas de ti mismo, no solamente con lo que dices.

No te desanimes o impacientes si manifestar tus deseos se demora mucho; el viaje en sí es tu destino. A medida que te explores a ti mismo y tus habilidades para manifestar, te estarás convirtiendo en una mejor persona; eres amable contigo mismo y con los demás, y al mismo tiempo cultivas una mentalidad positiva fusionada con gratitud eterna ¡eso ya es un regalo para aquellos que te rodean!

Sigue practicando lo que has aprendido y sigue compartiendo estos conceptos con otros; juntos podemos cambiar el mundo al aumentar de forma colectiva la vibración del planeta.

Realmente espero que este libro te haya inspirado y entregado herramientas nuevas para expandir tu consciencia y aumentar tu percepción.

¡No tienes límites, eres poderoso e increíble!

¡Creo en ti y te deseo lo mejor en tu viaje!

Si tienes unos minutos, te agradecería mucho si pudieras dejarme una breve reseña en Amazon. Deja que otros lectores sobre la Ley de la Atracción en nuestra comunidad sepan cómo y por qué este libro les puede ayudar.

Gracias, gracias, gracias,

Espero que nos volvamos a "ver",

Con mucho amor,

Elena.

Acerca de Elena G. Rivers

Elena G. Rivers es una autora de bestsellers apasionada por escribir libros espirituales de autoayuda y sobre la ley de la atracción muy edificantes, destinados a asistir a las personas con almas ambiciosas a manifestar la realidad de sus sueños.

Sus herramientas son prácticas y efectivas, ya que es una gran creyente de la simplicidad. Lo que separa a Elena de la mayoría de los "gurús" de la ley de la atracción, es que en lugar de perseguir el último "método de manifestación", la autora se centra en ejercicios probados para ayudarte a cambiar permanentemente tu mentalidad y energía y así construir una versión nueva y más empoderada de ti mismo, creando conscientemente una vida que puedas amar.

Ella fusiona sus herramientas de manifestación probadas con un profundo trabajo interno, para ayudarte a abrazar el amor propio y transformar tu autoimagen de una manera poderosa. Después de todo, no atraes lo que quieres, sino que atraes lo que eres y ¡este es el verdadero trabajo de la ley de la atracción y la profunda metamorfosis que puedes experimentar al leer uno de los libros de Elena!

Por favor, ten en cuenta que los libros de Elena están dirigidos a personas con almas ambiciosas. Estas son personas que están comprometidas a hacer el trabajo interno y a transformarse en un nivel más profundo. Escribe principalmente para creadores poderosos, empresarios guiados por el corazón, líderes, profesionales, creativos, empáticos y sanadores. Personas que desean manifestar abundancia creando contenido de valor para el mundo.

Los libros de Elena combinan lo metafísico con lo práctico, para ayudarte a ti, una persona ocupada y ambiciosa del siglo XXI, a manifestar con alegría y facilidad. También llena sus libros con historias de éxito de la vida real de personas que enriquecieron sus vidas con la ley de la atracción, para ayudarte a mantenerte inspirado y florecer en una alta vibración.

Más Libros de Elena G.Rivers en Español

La mentalidad para atraer el dinero: Deja de manifestar lo que no quieres y cambia tu mente subconsciente hacia el dinero y la abundancia

Desmitificando los secretos de la manifestación: Técnicas avanzadas sobre Ley de la Atracción para manifestar tu realidad soñada al cambiar tu autoimagen para siempre

El Amor de la Atracción: Secretos probados para dejar la mentalidad basada en el miedo, activar ley de la atracción y comenzar a manifestar tus deseos

Libro de actividades de ley de la atracción: Cómo elevar tu vibración en 5 días o menos para manifestar la vida y la abundancia que mereces

Encontrarás más buscando "Elena G.Rivers" en Amazon y en nuestra web:

www.loaforsuccess.com/spanish

Contacto:

info@LOAforSuccess.com

For English website & books visit:

www.loaforsuccess.com

www.ingramcontent.com/pod-product-compliance
Lightning Source LLC
Chambersburg PA
CBHW071400080526
44587CB00017B/3149